JUNIOR-REGENBOGEN

FARBEN VON SCHLANGEN

JUNGEN KÖPFEN FARBEN NÄHERBRINGEN

VON RAINBOW ROY

JUNIOR-REGENBOGEN

FARBEN VON SCHLANGEN

JUNGEN KÖPFEN FARBEN NÄHERBRINGEN
VON RAINBOW ROY

Der Regenbogen
ist mit allen
möglichen
Farben gefüllt.

Gemeinsam werden
wir Farben erkunden
und auch etwas über
Schlangen lernen.

ROT

Rot, wie eine Kornnatter.

ORANGE

Orange, wie eine Milchschlange.

GELB

Gelb, wie eine gelbe Rattenschlange.

GRÜN

Grün, wie eine Grüne Baumpython.

BLAU

Blau, wie eine Blaue Vipernschlange.

INDIGO

Indigo, wie eine östliche Indigo-Schlange.

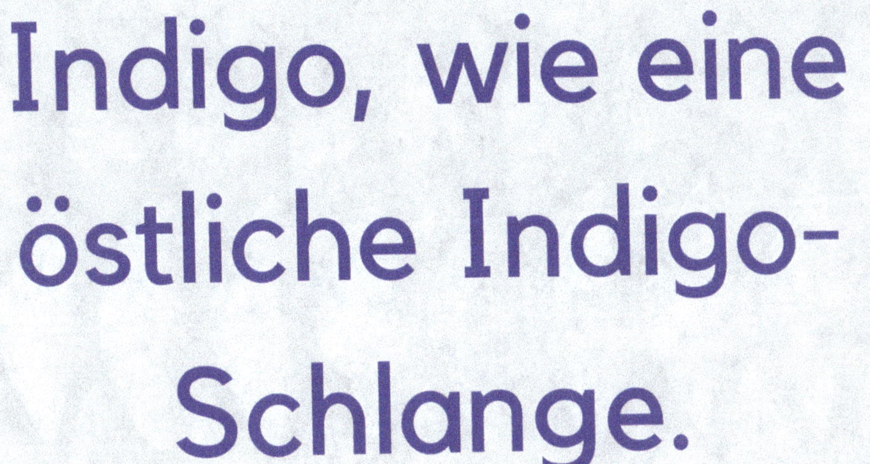

LILA

Lila, wie eine lila Mangrovenschlange.

Schauen wir uns nun einige andere Farben außerhalb des Regenbogens an!

ROSA

Rosa, wie eine Rosy Boa Snake.

BRAUN

Braun, wie eine Östliche Braunschlange.

WEIß

Weiß, wie dieser weiße Königspython.

SCHWARZ

Schwarz, wie eine Black Mamba.

GRAU

Grau, wie eine Holzklapperschlange

Sehen wir uns nun an, was Sie gelernt haben!

Welche Farbe hat diese Schlange?

Die Schlange ist orange.

Welche Farbe hat
diese Schlange?

Diese Schlange
ist grün.

Welche Farben hat diese Schlange?

Diese Schlange ist gelb und schwarz.

Du bist so schlau!
Lernen Sie immer weiter
und vergessen Sie nie
Ihre Liebe zum Lernen.